Zu diesem Heft wird das miniLÜK®-Kontrollgerät benötigt.

AF707437

So wird es gemacht:

Öffne das miniLÜK®-Kontrollgerät und lege die Plättchen in den unbedruckten Deckel. Jetzt kannst du auf den Plättchen und auf dem Geräteboden die Zahlen 1 bis 12 sehen.

Öffne es von der Rückseite. Wenn du das oben auf der Seite abgebildete Lösungsmuster siehst, hast du alle Aufgaben richtig gelöst.

Beispiel: Seite 2 „B oder P?“

Nimm das Plättchen 1, sieh dir Aufgabe 1 an und suche die Lösung.
Die Lösung ist „P“ mit der Zahl 10.
Die 10 ist auch die Feldzahl, auf die du das Plättchen im Kontrollgerät legen musst. Lege also das Plättchen 1 auf das Feld 10 im Geräteboden. Die Zahl 1 muss nach oben zeigen. So arbeitest du weiter, bis alle Plättchen im Geräteboden liegen. Schließe dann das Gerät und drehe es um.

Passen einige Plättchen nicht in das Muster, dann hast du dort Fehler gemacht. Drehe diese Plättchen da, wo sie liegen, um, schließe das Gerät, drehe es um und öffne es wieder.

Jetzt kannst du sehen, welche Aufgaben du falsch gelöst hast. Nimm diese Plättchen heraus und suche die richtigen Ergebnisse. Kontrolliere dann noch einmal. Stimmt jetzt das Muster?

Das System ist für alle Übungen gleich: Die roten Aufgabennummern im Heft entsprechen immer den miniLÜK-Plättchen aus dem Kontrollgerät. Die Zahlen hinter den Lösungen sagen dir, auf welche Felder des Kontrollgerätes du die Plättchen legen musst.

Und nun viel Spaß!

2 B oder P?
Womit beginnt das Wort?

	B	P
1	4	10
2	8	2
3	12	11
4	10	9
5	9	5
6	7	6
7	3	1
8	2	7
9	5	12
10	11	4
11	6	3
12	1	8

3

D oder T am Wortanfang?
Schaffst du das ohne Fehler?

1

2

3

4

5
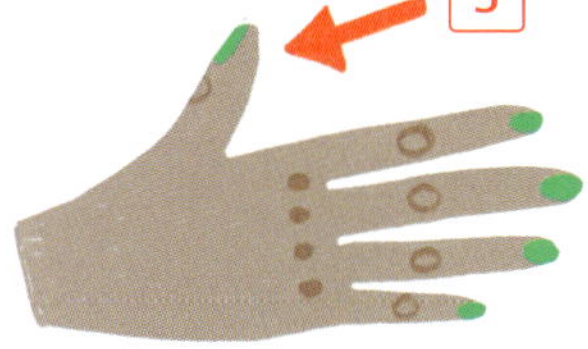

6

7

8

9

10

11

12

	D	T
1	8	7
2	10	4
3	9	12
4	11	2
5	6	3
6	1	9
7	7	8
8	4	10
9	5	6
10	2	1
11	11	12
12	3	5

4 d oder t?
Wie fängt das Wort an?

		d	t
1	Kannst du gleich an mich ___enken?	3	4
2	Für die Rüben ist das Wetter zu ___rocken.	9	7
3	Schnecken ___ragen ihr eigenes Haus.	6	12
4	Womit kann ich Ihnen ___ienen?	4	10
5	Vater und Mutter ___anzen zusammen.	8	6
6	Hast du ___ann Zeit für mich?	2	3
7	Sankt Martin ___eilte seinen Mantel.	11	10
8	Ich kann ___ich gut leiden.	1	2
9	Der Schütze ___raf den Vogel.	7	5
10	Plötzlich wurde es ___unkel.	9	12
11	Die Wurzel reicht ___ ief in die Erde.	1	11
12	Leihst du mir ___einen Füller?	8	5

5 d oder t am Wortende?
Verlängere die Wörter!

1 ach_

2 Bar_

3 San_

4 Or_

5 Freun_

6 Pfer_

7 Hu_

8 wil_

9 Mona_

10 gu_

11 Hun_

12 Han_

	d	t
1	1	5
2	3	7
3	10	5
4	9	12
5	4	6
6	2	11
7	12	6
8	1	2
9	7	9
10	4	11
11	3	10
12	8	5

6 Auf das Wortende kommt es an

		d	t
1	In Höhlen gibt es nur wenig Lich__.	2	1
2	Auf dem Fel__ spielen Hasen Nachlaufen.	5	6
3	Der Sturm drückte die Wan__ ein.	10	4
4	In der nächsten Nach__ haben wir Vollmond.	5	2
5	Der Mun__ des Pferdes heißt Maul.	4	10
6	Wir spielen in der frischen Luf__.	1	6
7	Ulis Freun__ heißt Michael.	8	7
8	In meiner Familie verstehe ich kein Wor__.	12	11
9	Das Hem__ aus dem Katalog gefällt mir.	9	3
10	Dieser Satz ist schlech__.	8	7
11	Morgens trinke ich ein Glas Saf__.	9	3
12	Kein Kin__ ärgert gern die Lehrerin.	12	11

7 Schlussübung
d oder t

d t

1 Gesich__
7 11

2 dor__
12 4

3 Mon__
8 10

4 Win__
12 3

5 Zei__
1 2

6 Aben__
3 5

7 frem__
6 9

8 Bro__
6 10

9 har__
4 7

10 Ban__
5 8

11 run__
1 11

12 al__
2 9

8 S oder Z?

Wie fängt das Wort an?

	S	Z
1	2	1
2	3	11
3	10	5
4	8	7
5	1	4
6	6	12
7	9	2
8	5	10
9	4	9
10	7	8
11	11	3
12	12	6

9 Wörter mit s oder z

Ordne richtig zu!

	s	z
1	6	10
2	2	8
3	10	9
4	11	3
5	4	7
6	3	1
7	5	4
8	8	2
9	9	6
10	11	12
11	12	3
12	4	7

10 Rechtschreibübung mit s oder z

[1] Bu __

[2] Schmer __

[3] Mau __

[4] Prei __

[5] stol __

[6] Lo __

[7] Hol __

[8] Schwan __

[9] Hal __

[10] Her __

[11] Sal __

[12] Ei __

	s	z
1	5	6
2	3	1
3	4	9
4	6	12
5	7	10
6	2	11
7	4	12
8	8	7
9	3	5
10	2	11
11	12	9
12	8	1

MAU_ IST STOL_:
DER 1. PREI_ BEIM
EI_-ESSEN.

11 s oder z am Wortende?
Schaffst du das ohne Fehler?

1

2

3

4
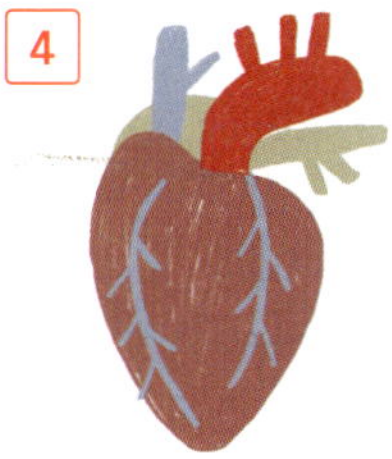

5

6

7

8

9

10

11

12

	s	z
1	8	10
2	6	3
3	1	7
4	2	9
5	7	4
6	10	11
7	3	1
8	9	12
9	11	8
10	4	5
11	12	2
12	5	6

12 Womit beginnt das Wort?

Nr.		M	N
1	... in der __acht schlafen	1	11
2	... stumpfe __esser schärfen	7	4
3	... __udeln in der Hühnersuppe	6	9
4	... auf den __üll werfen	12	5
5	... __ensch ärgere dich nicht	3	2
6	... den Tieren __amen geben	10	8
7	...ein __eter vor dem Abgrund	6	12
8	... __ägel aus dem Balken ziehen	11	1
9	... drei __inuten bis Schulschluss	10	3
10	... sich den __und abputzen	5	8
11	... die __atur schützen	9	4
12	... auf die __ase fallen	7	2

13 Jetzt geht es um m oder n!

		m	n
1	… das Kind beim Namen __ennen	8	10
2	… __eben die Klingel drücken	4	1
3	… nicht in die Schule __üssen	6	3
4	… den Hund __icht beißen	5	9
5	… Kirschen im Quark __ögen	12	7
6	… ein Bild ins Rechenbuch __alen	2	1
7	… auch im Gefängnis __och stehlen	1	3
8	… die Länge des Kaugummis __essen	7	6
9	… die Schnecke __ach Hause begleiten	10	5
10	… Saft mit Limo __ixen	4	12
11	…mit „Opa" den Lehrer __einen	11	9
12	… beim Abschreiben __ichts sehen können	2	8

SO EIN QUARK!

14 m oder n am Wortende?

1

4 5

2

12 6

3

2 1

4

3 4

5

8 7

6

11 3

7

9 6

8

9 12

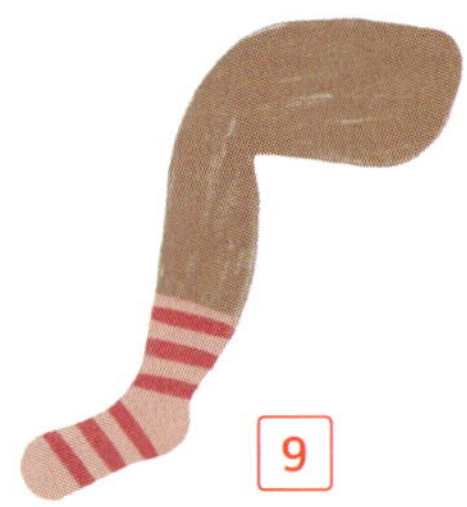

9

1 8

10

10 11

11

7 2

12

5 10

15 G/g- oder K/k-Laute?

Gg Kk

1

4 7

2

8 3

3

12 1

4

11 2

5

6 5

6

3 4

7

2 8

8

9 10

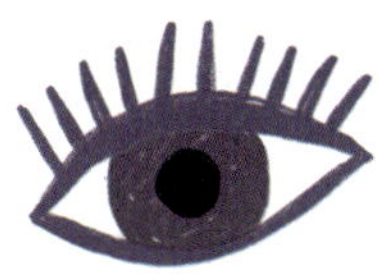

9

5 6

10

1 12

11

7 11

12

10 9

16 Welchen Vokal hörst du?

ei **eu**

1

9 2

2

12 1

3

4 12

4

6 7

5
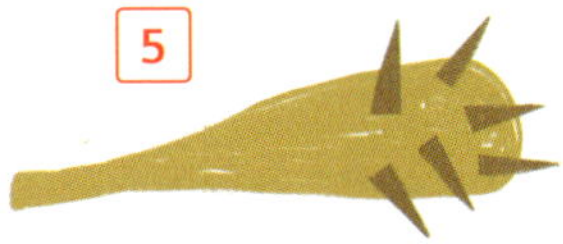
8 10

6

5 3

7

1 9

8

11 6

9

3 4

10

2 8

11

9 5

12

7 11

17 Auf das Mutterwort kommt es an: träumen – Traum!

		eu	äu
1	tr__men	1	9
2	Fr__nde	7	4
3	R__ber	3	12
4	M__se	2	10
5	n__	6	5
6	H__ser	11	8
7	Sch__ne	4	9
8	L__te	1	10
9	Str__cher	3	11
10	L__fer	8	3
11	t__er	5	6
12	f__cht	2	7

M__SE-R__BER
TR__MEN
VON B__TE.

18 Hörst du einen o- oder eu-Vokal?

o eu

1

6 3

2

4 9

3

2 1

4

11 8

5

10 7

6

3 4

7

12 5

8

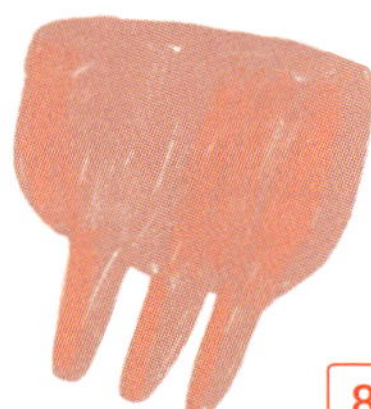

1 10

9

8 6

10

7 12

11

5 2

12

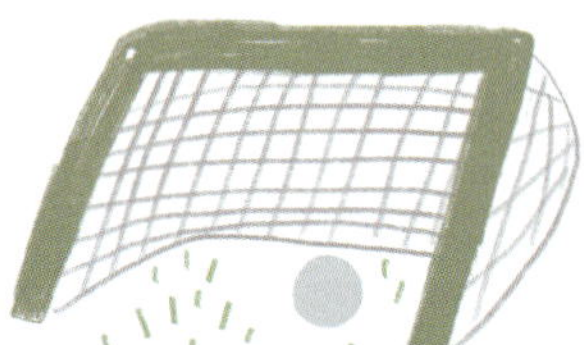

9 11

19 Worin steckt ein ei, worin ein a?

1

3 8

2

1 12

3

9 5

4

7 10

5

12 3

6

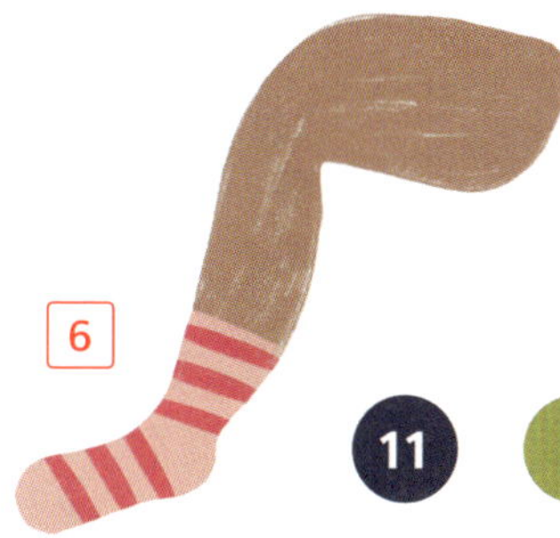

11 7

7

4 1

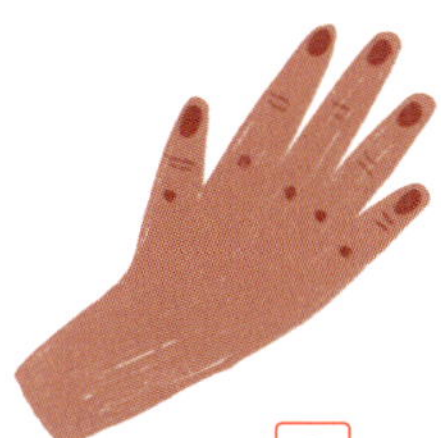

8

8 6

9

10 11

10

2 9

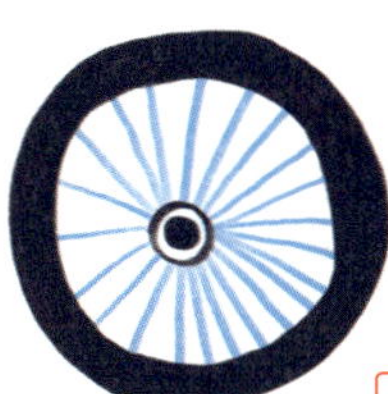

11

6 4

12

5 2

a oder au? Diese Übung kannst du jetzt bestimmt

a

au

1

7 2

2

6 10

3

4 11

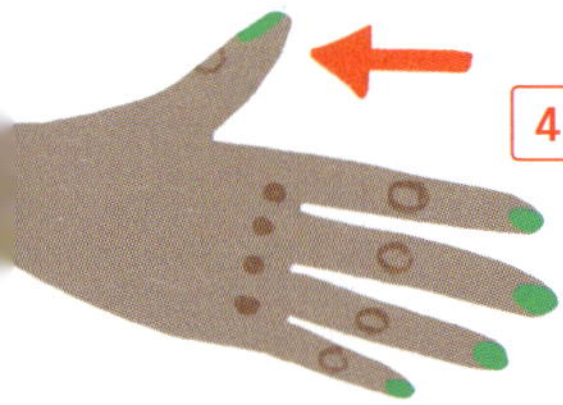
4

3 1

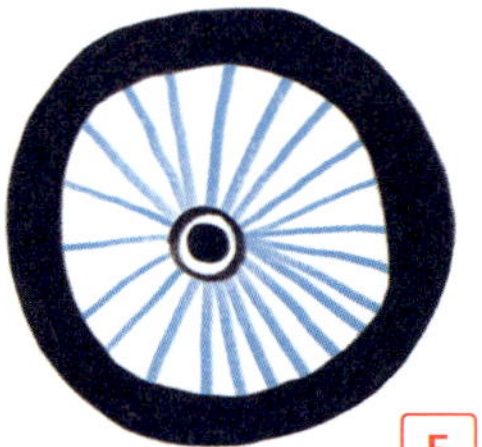
5

10 8

6

9 5

7

2 7

8

12 4

9

1 3

10

8 6

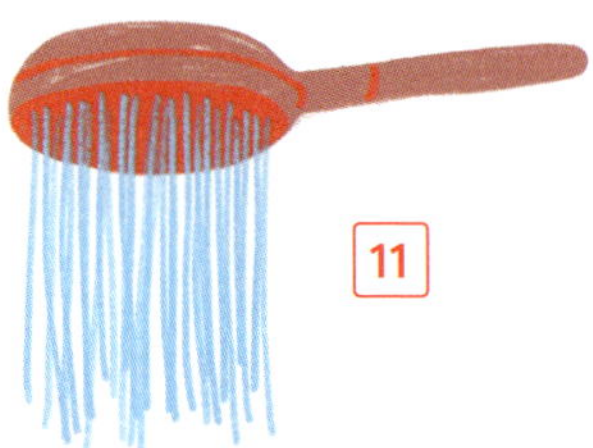
11

5 9

12

11 12

21 i oder e? Sprich jedes Wort deutlich aus!

i e

1

10 6

2

9 12

3

1 11

4

2 5

5

7 4

6

8 10

7

11 9

8

5 3

9

6 2

10

12 1

11

3 8

12

4 7

e, i oder ü?

Welchen Vokal hörst du?

e i ü

1

3 4 8

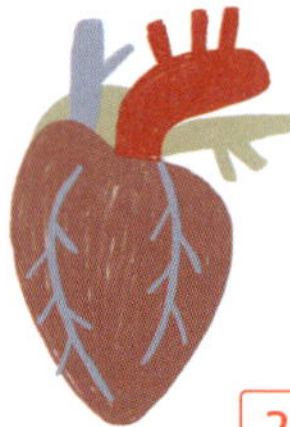
2

1 2 10

3

5 7 6

4

4 10 3

5

9 12 11

6

2 1 5

7

11 6 9

8

7 8 2

9

6 5 12

10

10 9 1

11

3 11 7

12

8 12 4

23 Hier geht es um e oder ä
Auf das Mutterwort kommt
es an: Ball – Bälle!

e ä

1 H_xe
5 4

2 B_lle
1 3

3 H_nde
11 2

4 K_rze
6 12

5 W_lder
9 8

6 F_nster
4 6

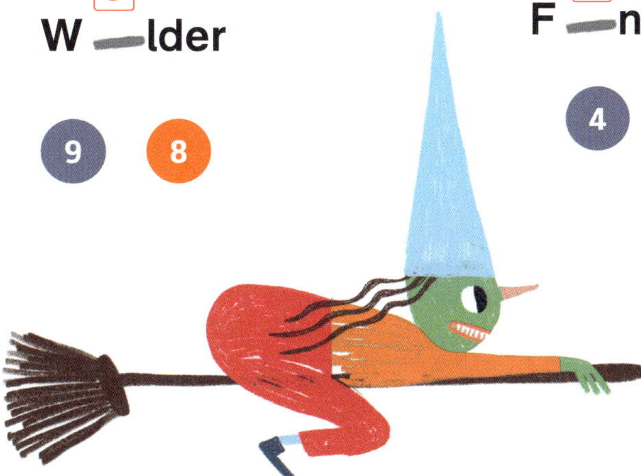

7 H_fte
12 10

8 R_der
5 9

9 W_tter
1 7

10 M_nner
8 11

11 Z_hne
6 7

12 F_lder
10 8

24 Fehlt ein e oder ä?

Das kannst du jetzt!

		e	ä
1	H_mden	12	6
2	H_nde	5	3
3	w_rfen	7	11
4	h_lfen	11	7
5	N_chte	6	1
6	k_nnen	4	2
7	H_schen	8	5
8	V_ter	4	9
9	M_sser	8	7
10	Schr_nke	9	6
11	w_cken	2	12
12	W_sche	2	10

H_SCHEN
W_RFEN
MIT M_SSERN

25 Mit welchem Buchstaben beginnt das Wort?

	Pf	F
1	4	7
2	1	5
3	2	6
4	3	4
5	12	8
6	11	12
7	9	1
8	10	11
9	7	2
10	5	10
11	8	1
12	6	3

26 Noch eine Übung zu F oder Pf!
Sprich jedes Wort ganz deutlich aus!

		F	Pf
1	_effer	6	4
2	_alle	8	1
3	_erien	11	9
4	_iff	7	3
5	_leisch	5	12
6	_anne	10	1
7	_lanze	8	9
8	_aust	2	3
9	_erd	5	6
10	_inger	10	2
11	_reitag	12	4
12	_osten	11	7

_erd mit _lanze
am _reitag. (Da ist Reittag.)

pf oder f?
Welchen Buchstaben
hörst du im Wort?

1

2

3

4

6

5

7

10

8

9

11

12

	pf	f
1	9	11
2	10	4
3	1	8
4	6	5
5	7	2
6	11	9
7	12	3
8	4	10
9	2	1
10	5	6
11	8	7
12	3	12

Einsetzübung am Wortanfang: S/s – Sch/sch

1 _till — s (3) sch (2)

2 _warz — s (7) sch (1)

3 _tramm — s (6) sch (10)

4 _tumm — s (4) sch (9)

5 _limm — s (8) sch (12)

6 _nell — s (11) sch (2)

7 _rank — S (12) Sch (10)

8 _tange — S (7) Sch (12)

9 _lange — S (1) Sch (5)

10 _tall — S (9) Sch (6)

11 _turm — S (11) Sch (3)

12 _wanz — S (4) Sch (8)

Wortanfänge mit S/s und Sch/sch
Lass dich nicht verwirren!

1 _lagen
s sch
3 12

2 _pringen
s sch
8 2

3 _wimmen
s sch
1 9

4 _pazieren
s sch
11 8

5 _pinnen
s sch
3 2

6 _reien
s sch
10 7

7 _patz
S Sch
5 12

8 _pitze
S Sch
2 9

9 _necke
S Sch
11 10

10 _mutz
S Sch
7 6

11 _pannung
S Sch
4 5

12 _ritt
S Sch
3 1

30 Groß- und Kleinschreibung
Welches Wort wird kleingeschrieben?

1	BETT	5	LEGEN	11
2	NICHT	1	KIND	9
3	SESSEL	2	SITZEN	10
4	OFT	6	WALD	3
5	VORN	4	REIHE	1
6	ÜBER	8	GLUT	10
7	ALLEIN	12	SEE	4
8	STADT	6	DORT	7
9	HOCH	9	BAUM	8
10	AUF	5	DECKE	10
11	TIER	4	HELFEN	3
12	UNFALL	12	HIER	2

Groß- und Kleinschreibung
Welches Wort wird großgeschrieben?

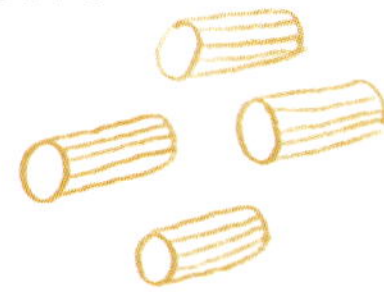

1	den RING an den Finger STECKEN	11	2
2	die KORDEL an den Drachen BINDEN	1	12
3	bei SCHLECHTEM WETTER im Haus bleiben	5	4
4	in der Nacht VIELE STERNE sehen	9	6
5	dem KIND ein Märchen ERZÄHLEN	10	4
6	mit der FAMILIE in Urlaub FAHREN	8	11
7	FRISCHEN Wind am MEER lieben	1	12
8	TROCKENES Holz in den OFEN schieben	11	7
9	NUDELN lieber essen ALS Suppe	3	6
10	das SPIEL leider VERLIEREN	5	10
11	auf die FERIEN WARTEN	9	3
12	sich mit WARMEM WASSER waschen	7	2

TrOcKenE
nUDELN aN
dEN fINger STEcken

32 Heißt es s oder ß?
Sprich jedes Wort sehr deutlich aus!

s ß

1. Stra — e (5, 1)
2. Ho — e (9, 11)
3. flie — en (3, 6)
4. Kä — e (2, 10)
5. bei — en (1, 12)
6. le — en (10, 4)
7. flei — ig (6, 8)
8. schlie — en (12, 3)
9. grü — en (8, 5)
10. ra — en (7, 2)
11. Rei — e (11, 9)
12. Mei — e (4, 7)